# Notice à l'usage des aventuriers de l'espace

*Ulysse et le Grimoire de l'Univers* est un livre spécial.
C'est une expérience unique qui allie le **plaisir de la lecture** à la **magie du numérique**.
Parce qu'il est unique, voici comment nous te conseillons de découvrir ce livre.

1 Tout d'abord, lis le livre une première fois avec tes parents ou tout seul. Eh oui ! C'est d'abord un conte moderne qui parle des liens entre la Terre et ses habitants. Alors, prends le temps d'apprécier le **texte poétique** et ses **magnifiques illustrations**.

Ça y est ? Tu connais l'histoire sur le bout des doigts ?! En es-tu sûr(e)... ?

2 Tu as sans doute envie de **découvrir ce qui est écrit** sur le grimoire qu'Ulysse a trouvé et de **vivre l'aventure** comme lui. Eh bien ! C'est possible !
Il existe **une application** qui s'appelle « Décollage immédiat » et que **tu peux télécharger** sur un smartphone ou une tablette. Tu la reconnaîtras grâce à ce logo :

Disponible sur Google play
Disponible sur App Store

3 **Tu ne sais pas comment te servir de cette application ?** Pas de panique !
Avant tout, tu dois savoir que celle-ci fonctionne comme un appareil photo, avec une petite touche de magie en plus ! Une fois que tu as ouvert l'application, prends ta tablette ou ton smartphone et essaie de prendre une photo de ce vaisseau spatial.

Ton écran doit se trouver au-dessus du dessin, ni trop loin ni trop près, de manière à bien le voir en entier.

4 Normalement, si tu y arrives, tu verras une petite animation !
**Si tu ne la vois pas**, c'est peut-être que le dessin est flou dans ton écran.
Si c'est le cas, clique une fois n'importe où sur l'écran pour rendre l'image plus nette.
Ça marche ? Bravo !

5 Bon, ici c'est facile. Mais dans les pages de l'histoire, il va falloir chercher un peu plus... Ne t'inquiète pas, tout est prévu ! Tu as sûrement remarqué qu'il y avait des petites icônes sur les pages de texte.
Sais-tu qu'elles ont une signification ? Elles te donneront des indications sur la manière d'utiliser l'application avec l'illustration de la page correspondante :

**Écoute**
Tu pourras entendre des sons.

**Regarde**
Tu pourras voir des éléments de l'illustration s'animer ou bien dévoiler des détails cachés.

**Touche**
Tu auras des actions à faire avec ton doigt sur l'écran (glisser-déposer ou simplement cliquer).

6 Et voilà ! Tu es désormais prêt(e) à explorer le livre !
Attends ! Il y a une dernière chose que tu dois savoir. Les pages du livre ne se laissent pas animer facilement. Eh oui, comme dans les jeux, pour débloquer toutes les animations, **tu dois vivre l'histoire dans l'ordre !** Quelque chose me dit qu'il faut commencer par **dévoiler les inscriptions du grimoire...**

7 Tu as réussi à animer toutes les pages ?! Félicitations !
Cela veut dire que tu es prêt(e) à partir à l'aventure avec Ulysse dans le Système solaire. Pour cela, il te suffit de **détacher la carte** que tu trouveras à la fin du livre et de la poser sur une surface plane.
À toi de jouer !

Ne t'inquiète pas, tu es tellement doué maintenant que la suite ne te posera aucun problème. Et puis, l'application sera là pour te guider !

**Bonne aventure et... gare à la Sorcière de l'Univers !**

À tous les enfants des classes et des ateliers qui nous ont encouragés et transmis leur énergie, avec leur enthousiasme, leur attachement au courageux Ulysse et leur soif d'apprendre.

# Ulysse et le Grimoire de l'Univers

Vicky & Christina Lumineau

laplikili
JEUNESSE

Ulysse

passait de longs moments dans les bras de sa maman.

Il aimait tellement s'y blottir ! Mais il était tout aussi pressé de grandir.

**Il rêvait** de nouvelles contrées. Audacieux, il rêvait **d'aventures**.

Et voilà que le jour est venu pour Ulysse de partir. Il empile habits, gants, vieux jouets, de quoi lire.

Son père le regarde. Ulysse boucle ses bagages.

Sa sœur, émue, lui tend quelques myrtilles.

Il est prêt à partir. Il a le cœur serré.

« Mon fils, reviens nous voir avec ta famille ! »

Ulysse est déjà loin. Il pense au voyage.

Il promet de revenir.

Il est à la lisière du bois. **Il hésite.** Va-t-il la franchir ?

Il réalise qu'il les quitte. Son cœur est empli de sourires,

**de tous ses souvenirs.**

Devant lui, la forêt où il a toujours voulu courir. Il a hâte de la découvrir.
En vrai héros, il rêve d'une mission secrète à accomplir.
Mais laquelle ? Quel chemin choisir ? Il imagine de nouveaux amis, des fous rires.
Il a gardé dans sa mémoire l'image d'une amie aux yeux noirs.
Où habite-t-elle ? Va-t-il la rencontrer avant le soir ?

Il décide d'aller tout droit. Ce sentier est unique !
Tout au bout apparaît un paysage féérique !
Des odeurs parfumées remplissent l'air.
« C'est ici que je veux vivre ! C'est beau comme dans les livres ! »

À pas légers, avec prudence, il avance.
Sans rien déraciner, sans rien piétiner dans la clairière,
il ramasse le bois par terre.
Fier, il décore sa petite chaumière sous les derniers rayons de lumière.
Il admire les fleurs de son jardin et les arrose.

Sa nouvelle maison est prête ! Il a besoin d'une pause.
Il est fatigué, mais satisfait. Tout est parfait. Il s'arrête.
Son esprit vagabonde dans le cœur des fleurs, dans leurs couleurs.

Soudain, un terrible coup de tonnerre l'assourdit.  Quelle frayeur ! Il sursaute.
Une lumière violente l'éblouit. Le vent l'arrache du sol et l'emporte.
Ulysse et sa cabane sont éjectés dans les airs.
Il a peur, il ne peut plus rien faire !
Les arbres, la mare, les libellules et les têtards, les pétales des fleurs sont balayés par le vent.
Toutes les graines s'éparpillent dans le néant.
Un voile léger l'effleure. Un bouquet de lumières.
A travers les couleurs, résonne un appel clair :
« Ulysse, accroche-toi ! À cette racine ! Attrape cette branche ! » Ulysse la saisit et perd connaissance.
Une ombre s'enfuit dans la nuit.
Une voix rauque, terrifiante, résonne derrière elle :

## « La Terre est à moi !
## Que tout soit englouti dans la mer !

Plus de livres, plus d'hommes, plus d'animaux ! Que tout soit englouti dans les eaux ! »
Titania, la fée de l'Univers, tonne :
« Cupida ! Encore toi ! Sorcière de l'Univers, abandonne cette guerre !
Tu souffles des ouragans. Tu soulèves les mers !
Tu expulses les êtres vivants, tu détruis la culture. Tu ne peux pas voler la richesse de la nature ! »

Mais l'ombre disparaît dans la nuée obscure.

Où est passé notre ami ? C'est le petit matin.
Accroché sur une branche, un peu étourdi, Ulysse se réveille, mais ne se rappelle de rien.
Où est-il ? Était-ce un cauchemar ?
Pourtant, tout se trouve toujours autour de lui. Son arbre, sa mare.
Le petit monde de l'étang s'affaire. Des libellules virevoltent dans l'air.
Ulysse, le jeune panda, a tout pour être heureux. Tout ?

Ulysse fait quelques pas.
Il découvre avec stupeur qu'il se trouve sur un bout de terre, **tout seul !** Quel malheur !
Il ne pourra plus voir ses parents ni cette lointaine amie nichée dans son cœur...

Une minuscule planète, rien que pour lui !
Mais elle n'a aucune couleur ! Même pas une fleur !
Il grimpe sur sa cabane à pilotis et y trace toutes sortes de graffitis.
Il est fier ! Ses gravures sont plutôt jolies. Son logis est tout fleuri !
Mais aucun parfum !
Et pourtant des fleurs, il y en a en grand nombre ! Mais leurs couleurs sont trop sombres !
Sur les troncs verts, pas un seul papillon !
De tristes formes sculptées, beiges ou bien marron !

Déçu, Ulysse rêve. Il pense. Sans appétit, il masticote et, tristounet, chuchote :
« Du vert ! Du vert ! Du vert ! **Que du vert !** »

Dans l'instant, il entend une belle mélodie !
Il lève la tête, surpris. Une pluie de rayons chatoyants tombe sur lui.
Il est saisi. C'est inattendu !
Ranimé, il reprend courage et profite de ce moment imprévu :

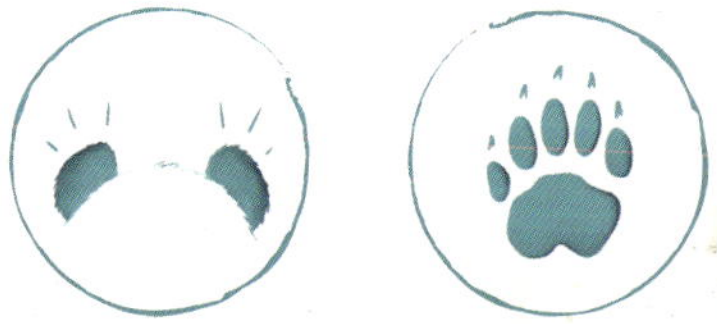

« Titania, je t'implore !
J'aimerais tant un peu de gaieté, de belles couleurs !
Juste quelques fleurs !

Des coquelicots rouge feu, une brassée de boutons d'or,
deux, trois iris violets ou bien des passiflores ! »

« Bonjour, Ulysse ! Bonjour !
Je viens à ton secours ! Je vais t'aider !

La Sorcière de l'Univers t'a jeté un terrible sort,
mais il faut rester très fort ! »

Alors qu'Ulysse se demande ce que la fée va faire,
un nuage assombrit le ciel, tel un éclair.
Mais quelle est cette ombre noire qui passe ?
Ulysse bondit. Aïe ! Sa branche se casse !

Il atterrit sur… Mais c’est quoi ? Il se tourne pour voir.

Bien sûr ! L’ombre, c’est juste un vieux grimoire !

« **Une recette de graines !**

C'est inespéré, c'est une aubaine !

Quel hasard ! Mais comment trouver des ingrédients si rares ? »

Ça y est ! C'est décidé !
Ulysse part à l'aventure.

Il doit construire une vraie fusée,
**mais c'est tellement dur !**
Il fait des essais, des esquisses.
Il est enfin satisfait, Ulysse !

Il assemble.

Il visse.

Il colle.
Il bricole.

Il rafistole.

Et une dernière couche de vernis,
spécial espace sidéral !

Sa fusée est toute prête !
Il est temps qu'il s'arrête !

SHAMP' PANDA
JOURNAL DE BORD

« Allez, Ulysse ! Dépêche-toi ! Il faut faire ta valise ! »

**Oh là là !** La valise ! Les bagages ! Quelle hantise !
Il étale ses affaires.
Mais que prendre ? Tout est par terre.

**Quel bric-à-brac !**
Au boulot ! Du tac au tac !

Mes patins !

Un peu de pain ?

Mon pyjama en satin !

Mon clavecin !

Mon grille-pain ?

Un moulin à cumin ?

Mon coussin !

Mon ange gardien !

Du shampoing ?

Tous mes dessins ?

Ou bien rien ?!

La coupole de contrôle, avec une vue imprenable sur l'espace !

Couché, dans mon petit cocon, j'observe longtemps les étoiles avant de m'endormir.

La «salle à grignoter» pour déguster les savoureuses pousses de bambous !

Le «garage» pour abriter mon vaisseau. Avec tous les outils nécessaires pour mesurer et calculer les distances !

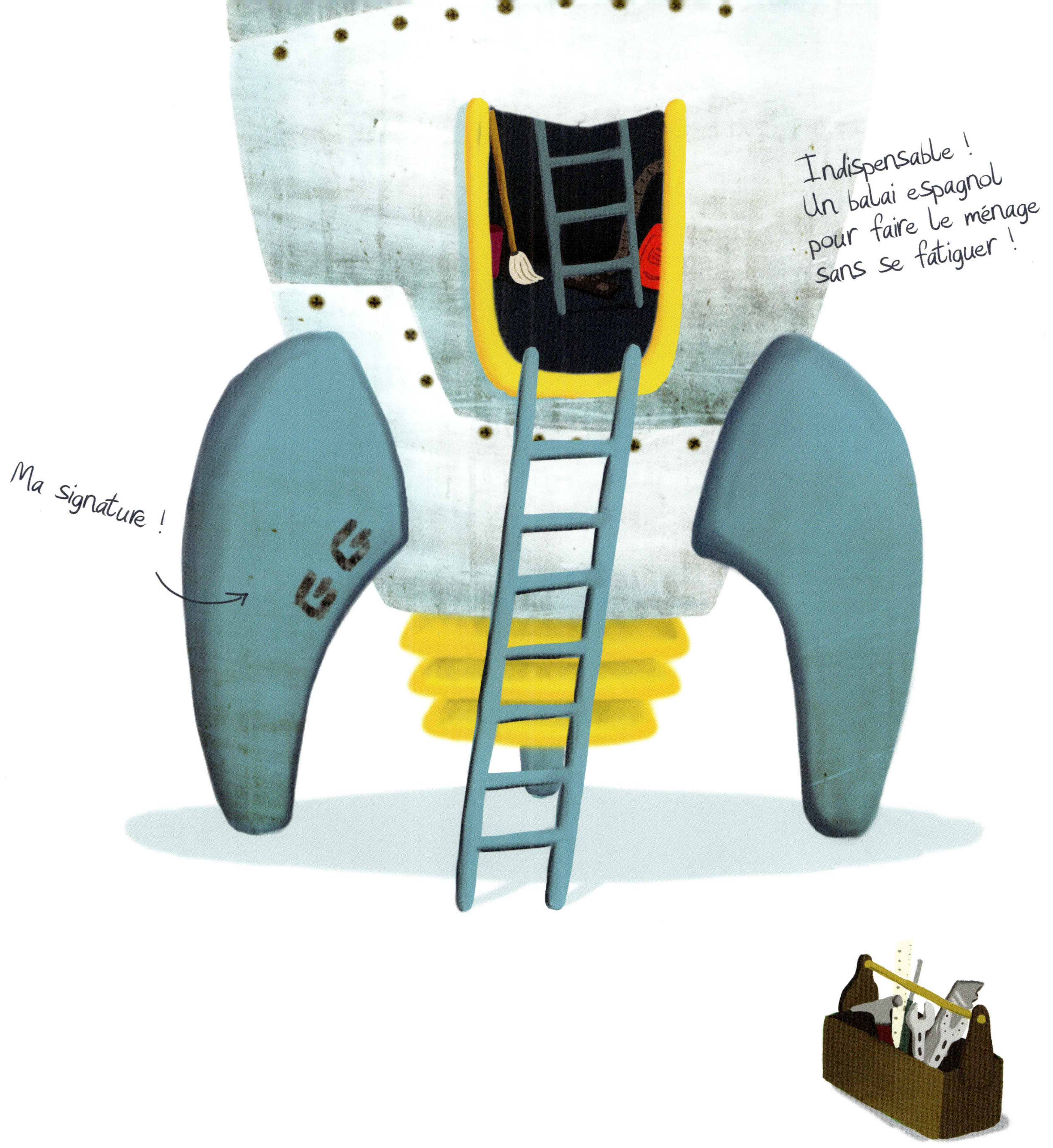


Merci Odyssée, ma belle fusée

Décollage immédiat !

# JOURNAL DE BORD

Début mai, jour du départ

Ça y est ! Je suis prêt !

Je pars à la recherche des ingrédients des graines magiques.

Décollage immédiaaaaat !

La casserole pour les ingrédients

Par quoi commencer ? Mais bien sûr !
Il me faut d'abord un grand récipient
Tout droit vers la casserole de la
Grande Ourse ! À plus taaard !

Quelques jours plus tard...

Les étoiles de la Grande Ourse fixées sur le méga-aimant de mon invention !

La Grande Tâche Rouge de Jupiter, un énorme cyclone !

Une éruption solaire

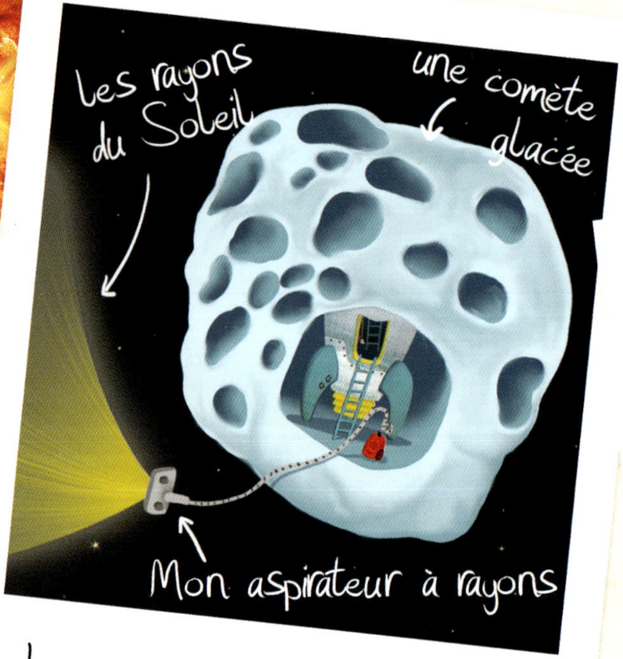


La ruse d'Ulysse ! Héhé !

Encelade, une lune de Saturne

...ade
... lune...

Chercher des rayons de soleil,
mission impossible... La tempér
phénoménale !
Heureusement, mon opération aspiration
des rayons a marché à merveille !
... arriverais jamais.

En arrivant, j'ai reçu une bonne poignée
de grêlons sur la tête et, en levant les
yeux, qu'est-ce que j'ai vu ? D'énormes
colonnes de cristaux d'eau qui fusaient
du sol et montaient en

Le temps que je dépose les rayons dans la casserole magique, la comète était déjà loin du Soleil et s'approchait de la Terre. J'ai tout de suite pensé que c'était l'endroit idéal pour récupérer des graines, mais j'avais peur de la sorcière
n jusqu
ionale
té à
bien
me
a'

Déjeuner dans la Station Spatiale Internationale...

Sortie dans l'espace

Uranus, ma planète préférée ♡

Les précieuses graines magiques !

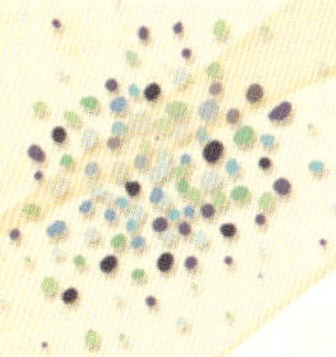

Grains de poussière d'Encelade

Un zinnia, une fleur cultivée dans l'ISS

Fin mai
Feu d'artifice géant
ingrédients !
Les graines, les rayon
bouffée d'air frais, la p
lunes, l'œil du cyclone e
gaz bleu.
Ouaouh ! Ouiiii ! Youpiii !
J'ai réussi !

Tous les ingrédients de la potion !

# Le rêve

le plus fou d'Ulysse est réalisé.

Le sortilège de sa planète de bambous est brisé.

Ulysse passe ses journées dehors,

entouré de mille boutons d'or qu'il adore.

Il sent ses belles roses.

Il prend soin des hortensias bleus.

Les parfums délicieux le rendent tellement joyeux !

Il devrait être heureux !

Il se couche sur un tapis moelleux

**de fleurs.**

Mais avec qui partager un tel bonheur ?

C'est le printemps. Il fait un temps splendide. Il ferme les yeux.

Ils sont un peu humides.

Un ami pour rire, pour discuter !

Mais il est bien seul !

Où le trouver ?

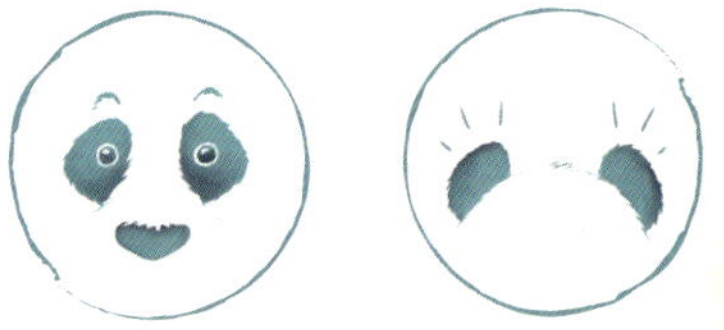

Il réchauffe ses souvenirs au soleil
et se laisse dorloter par le sommeil.
Aussitôt, le bourgeon d'un jeune coquelicot éclate
et en sort une fleur délicate qui sourit, écarlate.
Un vent doux se faufile entre ses pétales fragiles.
Dans la chaleur, la jeune fleur souffle un secret en douceur :

« Ulysse écoute ! Sur Astéra, sur un astre, derrière la Lune,
vit banni Oreste, une jeune tortue des dunes.
Oreste rêve de voyager loin vers les étoiles.
Mais Cupida le garde prisonnier dans son voile.
La sorcière l'a rendu invisible.
Il cherche un ami, mais le voir n'est plus possible.

– Oh ! bondit Ulysse. Personne ne sait qu'Oreste existe.
Il doit être tellement triste !
Comment faire ? Ouiii ! Le grimoire peut-être !
Une recette pour faire tout réapparaître ! »

La trace était toujours là !
L'empreinte d'Armstrong ! Incroyable...
Je pensais que c'était juste une histoire,
mais c'est bien réel !
Comme il n'y a aucun vent
-une, elle reste
météorit

L'empreinte d'Armstrong... et la mienne !

L'enfer de Vénus...

Cupida, la Sorcière de l'Univers

À la recherche d'Oreste

Mi juin, me revoilà dans ma jolie fusée !

J'ai tellement hâte de rencontrer Oreste !
Je me demande à quoi ressemble sa planète...

C'était une expérience horrible ! Le sol était plus brûlant qu'un four... J'ai vite rebroussé chemin !

Un glacier fondu sur Terre...

Allez, c'est parti !
Décollage immédiaaaaat !

Trouver les cristaux de glace, ce
beaucoup plus difficile que je n'im
Je me suis tout de suite dit : «
un morceau d'eau gelée sur Terre, cela
doit être super facile avec tous ces
glaciers ! ». Quelle déception ! Il n'y
a presque plus de glace. Une désolation.
J'ai compris. La neige a fondu à cause
ffement de notre planète. À
Terre

Merci Titania pour ces superbes cristaux de glace

Saturne n'était pas loin et ses anneaux m'avaient impressionné quand j'étais sur Encelade. Alors je m'en suis approché et tout d'un coup, j'ai été emporté dans un courant spatial ! Je tournais avec des milliers d'autres … petits et grands, de toutes les … morceaux de glace, … couleur

Pluton, fameuse planète naine

Les splendides anneaux de saturne !

Mars la planète rouge

Le robot Philae sur la comète Tchouri !

Mais où est Oreste ?! :-)

Oreste, mon meilleur ami !

Début juillet

J'avais enfin tous les ingrédients. Dès que j'ai déposé le dernier cristal de glace dans la casserole, j'ai été propulsé sur un lieu qui n'existe pas. J'étais bien sur la planète d'Oreste, mais je ne le trouvais nulle part. Et pourt… planète n'est…

Ulysse scrute le ciel.
Un ciel bleu outremer.
Son regard se perd.
Un voile blanc en dentelle dévoile l'Univers.
Au fond clignotent des myriades d'étoiles.

Oreste regarde la mer.
La Lune poudre de sa lumière argentée la petite clairière.
La nuit douce s'éclaire.

## Ils songent à la Terre.

## Pour la petite histoire (encore une ?!)

**Christina**, du haut de ses 27 ans, est à l'origine de Laplikili, née de ses expérimentations étudiantes. Armée de son cahier d'illustrations, de sa baguette de designer, et de ses chaussures de swing, elle n'a pas peur des épreuves qui l'attendent. Vers l'infini et au delà !

**Vicky,** linguiste et enseignante, est la bonne fée de Laplikili. Séduite par le potentiel pédagogique du numérique, elle souhaite offrir aux enfants une belle histoire en même temps qu'un moyen novateur d'entrer dans la lecture et dans le monde merveilleux de l'Univers.

**Yohan,** ingénieur passioné par l'espace, a 28 tours du Soleil à son actif. Relever des défis ? Il connaît puisqu'il a déjà fait le Maroc en 4L ! Il se lance dans l'aventure entrepreneuriale avec Laplikili pour y apporter sa maîtrise de la magie du numérique.

## Quelques mots sur la maison d'édition

Très sensibles aux questions d'écologie et soucieux de notre impact sur l'environnement au quotidien, nous avons souhaité transmettre ces valeurs à travers notre entreprise, Laplikili.

C'est pourquoi nous avons pour ambition d'éveiller les enfants à l'écologie de demain à travers une utilisation intelligente du numérique, des thématiques engagées comme l'écocitoyenneté, mais aussi le développement de l'esprit critique.

Nous souhaitons également développer l'imaginaire et la sensibilité des enfants en leur proposant un livre de qualité, avec une histoire merveilleuse, poétique et héroïque.

## La fabrication du livre

Le monde de l'édition utilise énormément de papier, c'est pourquoi nous avons choisi de travailler avec un imprimeur certifié FSC. Il s'agit d'un label assez strict, remis aux entreprises qui utilisent du papier issu de forêts gérées durablement.

Nous faisons confiance à Grafiche AZ, un imprimeur italien engagé dans une démarche responsable. Nous avons dû faire un compromis entre le prix, le soutien à l'économie locale et l'impact écologique dû au transport des livres.

## Les ateliers

Depuis un an, *Ulysse et le Grimoire de l'Univers* voyage dans de nombreuses médiathèques et écoles à la rencontre des enfants. Grâce à eux, nous avons pu améliorer petit à petit le livre pour créer une expérience inoubliable.

## La suite

Nous espérons que vous allez aimer parcourir le livre avec vos enfants comme nous avons aimé le créer. Et qu'à la fin des aventures d'Ulysse vous regarderez le ciel, les étoiles et notre Terre avec un regard d'enfant.

D'ailleurs, si nos jeunes lecteurs encouragent Ulysse et Oreste, il se peut qu'ils repartent volontiers dans l'espace, à travers deux nouveaux albums, à la découverte des étoiles les plus proches et des galaxies les plus lointaines. Parviendront-ils à vaincre la Sorcière de l'Univers et à rentrer enfin sur Terre, la plus belle planète de l'Univers ?

Si vous vous reconnaissez dans notre démarche, si vous souhaitez être tenu au courant de nos prochaines publications ou si vous souhaitez tout simplement nous soutenir, vous pouvez aimer notre **page Facebook : Laplikili.**

Pour finir, nous avons une dernière petite surprise pour les enfants que vous pourrez retrouver en vous inscrivant à **notre newsletter « Laplikinews »** sur notre site : www.laplikili.fr.

A très bientôt,
Christina & Yohan

# Remerciements

L'histoire de ce livre, c'est l'histoire de Grougrou qui a grandi peu à peu pour devenir Ulysse. Et vous le savez bien, dans toutes les histoires, le héros n'accomplit pas seul ses exploits. Il a des compagnons, des partenaires, des amis qui l'aident à tracer sa voie.
Pour nous, de nombreuses personnes se sont révélées être ces précieux compagnons et ont fait de ce livre ce qu'il est aujourd'hui. C'est pourquoi nous tenons à les remercier du fond du cœur.

Ce projet fou n'aurait jamais vu le jour sans le soutien de nos familles : Francis, qui a relu et corrigé courageusement tous les textes ; Alexandre, le musicien inspiré par Ulysse ; Dominique, qui nous a accompagnés dans la création de la société ; Sonia et Régis, qui ont cru au projet dès le début et ont encouragé Yohan dans sa reconversion ; Lucie, Kévin et Loris, les frères et soeurs les plus enthousiastes qui soient.

Mais il n'aurait jamais évolué ainsi sans Vincent et ses deux super héros en herbe, Inès et Timothée, qui ont connu Grougrou dès sa naissance, alors qu'il n'était qu'un petit bout de carton dessiné.
Notre expérience de l'entrepreunariat ne serait pas ce qu'elle est sans Nicolas, Sonia et Roxane du Labo de l'édition, ainsi que Gilles et Francesco du Cantillon, qui nous accompagnent depuis l'époque où Laplikili n'était qu'une petite graine. Sans oublier Roxane, notre super coach, qui a su révéler notre potentiel.
Nous souhaitons remercier également tous ces bibliothécaires dans les médiathèques franciliennes qui nous ont accordé leur confiance dès le début.

Enfin, les stars de cette double page sont ceux qui ont permis à ce livre d'être imprimé et d'exister enfin. Il s'agit bien sûr de nos contributeurs Ulule et de tous ceux qui ont commandé le livre bien avant qu'il ne soit publié.

# Un énorme merci à eux pour leur patience et leur bienveillance.

Matthieu Nogre, Rija Rakotondrainibe, Emmanuel Kuster, Efi Pavlidou, Anastasia Voria et Vassilios Kostopoulos, Jean-Michel Guillin, Laurence Basset, Cécile Soudry, Juliette Nègre, Marina Haritz, Jean-Baptiste Viet, Ghislaine Azémard, Marie Hamadi, Coralie Got, Loris Reversat, Athina Papadaki, Carine Gendrot, Cynthia Boutaricq, Nassim Hartani, Tony Martin, Laurent Rideau, Baptiste Ingrand, Naïm Dimet Mohammed, Audrey Ribert, Laure Leroy, Pénélope Dousse, Mika et Viktor Killy, Nicolas Jacquette, Thémis Augier-Dechêne, Cécile Lensen, Nathaël Mogné Daho, Erika Le Mare, Lionel Guérin, Stéphanie Paris, Marion Solé, Pascal Pignatelli, Léo Marius, Sylvie Saccomano, l'école St Sylvestre 1 de Nice, Chantal Got, Matthieu Vient, Leïla Bensadek, Khadija El Ouahabi, Erika Granieri, Barbara Klaassen, Nathan Chevalier, Quentin Zitter, Ranya Abdelli, Paola Netti, Vivien Chauvin, Marie Compagny, Miriam Kadhr, Emmie Lorenzo, Kali Blanchon, Thibaut Bleger, Santine Silvano, Clément Preney, Ulysse Saint-Germain, Sophie Noël, Violette Tessarotto, Brigitte Gros, Nathalie Chidiak, Aksel Boulechlouche, Céline Taillade, Martin Smets, Franck Pujos, Marie Vander Poest, Alexandre Lumineau, Anne-Sophie Lammens, Nathan Carrillat, Smriti Sonam, Eléonore Assas, Magalie Godin, Louis Fournier, Nour-Eddine Zidane, Gaëtan Nguyen, Jean-Pierre Farrugia, « Pépite France », Julie Dehlinger, Gaëlle Belda, Ludovic Durand, Abbas Hekmati, Marion Duprilot, Josette Reversat, Coline Petit, Yolande Fonseca, Anastasia Silva et Bao Tran, Louise Caucat et Baptiste Decain, Fabrice Bernard, Jocelyne Challain, Marcelle Lumineau, Dominique Lumineau, Roxane Pelatan, Sonia Akhtar, Anne-Laure Delefosse, Elie Mietkiewicz, Samuel N'Gom, Fliflo, Zézette & le Chaton, Philippe Benacchio, Camille Chrétien, Maxime Dupré, Laurent Caraffa, Lénaïg Berthou, Fabien Rault, Marlène Combrouze, Ambre Macchia, Nicolas Thévenin, Eric Walther, Clément Larrivé, Emma Sthorez, « Pandakiwi », Florent Guédeau, Élise & Valentin, Eva Moreno, Sandrine Calas, Katharina Lenz, Gilles Lemercier, Stéphane Smierzchalski, Adèle & Charles, ululer-1469591, Tonton Loïc et Tatie Camille, Dorian et Méline, Céline Roche, Hélène Desprez-Laroche, Vassiliki et Francis Lumineau, Stefanie Settele, Sock-Ying Chan, Inès Marson, Anabela Rodrigues, Marlène Varnerin, Christopher Montoya, Carine Got, Corinne Leblondel, Amélie Jakubiak, Arthur Goulon-Paillard, Nathan Vandervaeren, Eric Grech, Stéphanie Gay, Pierre Gasowski, Arthur Donoyan, Fabienne Jakubiak, Marc Valdener, Samuel Da Silva, Pauline Morin, Bertrand Boisseau, Corentin Caussy, Sophie Lacombe, Isabelle Prin, Hélène Guégan, Alexis Delamontagne, Ambre Sibuet-Masson, Kévin Reversat et My Nguyen, Debora Gilio, Lotta Resch, Youssef Bouanane, Steve Benoudiz, Anne Attinost, Sonia Reversat, Viviane Reversat, Manon Boschard, Alexandre Quemin, Luc Fohrer, Aurélie Frisina, Gharib Mzouri, Baya Hamecha, Marie Marsone, Régis Reversat, Lucie Reversat, Eftychia Anastassopoulou, Matthieu Schneiderwind, Chantal Got, Virginie Buisson-Delandre.

# Crédits photographiques

**Couverture**
Terre, WikiImage • ISS, NASA/Crew of STS-132
**Pages 26-27**
Grande Ourse, Scott Wylie • Soleil avec éruption, NASA Goddard Space Flight Center • Fleur dans l'ISS, NASA/Scott Kelly • Plateau repas dans l'ISS, NASA • Astronaute dans l'espace, NASA • Grande Tâche Rouge de Jupiter, NASA/JPL-Caltech • Encelade, NASA/JPL-Caltech • Uranus, NASA, ESA, and M. Showalter (SETI Institute)
**Pages 32-33**
Mer de glace, JayMantri • Mars, ESA - European Space Agency & Max-Planck Institute for Solar System Research for OSIRIS Team ESA/MPS/UPD/LAM/IAA/RSSD/INTA/UPM/DASP/IDA • Vénus, NASA/JPL • Pluton en couleurs améliorées, NASA/Johns Hopkins University Applied Physics Laboratory/Southwest Research Institute • Philae en atterrisage (reconstitution 3D), DLR German Aerospace Center • Saturne, NASA/JPL/Space Science Institute • Empreinte de botte sur la Lune, NASA / Buzz Aldrin

# Crédits typographiques

Corps de texte : *Averia serif*, police créée par Dan Sayers en faisant la moyenne de 275 polices différentes.
Titres et lettrines : *Libertinas*, police créée par Fernando Haro.
Notes d'Ulysse dans son journal de bord : *Hashtag*, police créée par Nathan Towle.

Écrit par Vicky Lumineau
Illustré par Christina Lumineau
Application développée par Yohan Reversat

ISBN : 979-10-97573-00-3
Dépôt légal : octobre 2017
Loi n° 49.956 du 6 juillet 1949 sur les publications destinées à la jeunesse

Imprimé en Italie par Grafiche AZ sur du papier issu de forêts gérées durablement (FSC)

FSC www.fsc.org MIXTE Papier issu de sources responsables FSC® C106107